# BEI GRIN MACHT SICH IHR WISSEN BEZAHLT

AF167021

- Wir veröffentlichen Ihre Hausarbeit, Bachelor- und Masterarbeit

- Ihr eigenes eBook und Buch - weltweit in allen wichtigen Shops

- Verdienen Sie an jedem Verkauf

## Jetzt bei www.GRIN.com hochladen und kostenlos publizieren

**Bibliografische Information der Deutschen Nationalbibliothek:**

Die Deutsche Bibliothek verzeichnet diese Publikation in der Deutschen National-
bibliografie; detaillierte bibliografische Daten sind im Internet über http://dnb.d-
nb.de/ abrufbar.

**Impressum:**

Copyright © 2018 GRIN Verlag
Druck und Bindung: Books on Demand GmbH, Norderstedt Germany
ISBN: 9783346118219

**Dieses Buch bei GRIN:**

https://www.grin.com/document/516537

Anonym

# Krafttraining. Diagnostik, Krafttestung, Zielsetzung und Trainingsplanung

GRIN Verlag

**GRIN - Your knowledge has value**

Der GRIN Verlag publiziert seit 1998 wissenschaftliche Arbeiten von Studenten, Hochschullehrern und anderen Akademikern als eBook und gedrucktes Buch. Die Verlagswebsite www.grin.com ist die ideale Plattform zur Veröffentlichung von Hausarbeiten, Abschlussarbeiten, wissenschaftlichen Aufsätzen, Dissertationen und Fachbüchern.

**Besuchen Sie uns im Internet:**

http://www.grin.com/

http://www.facebook.com/grincom

http://www.twitter.com/grin_com

Prävention und Gesundheitsmanagement

Hermann Neuberger Sportschule 3

66123 Saarbrücken

# Einsendeaufgabe

**Fachmodul:**     Trainingslehre 1

**Studiengang:**     Fitnessökonomie

**Datum**

**Präsenzphase:**     10.12.-12.12.2018

**Semester:**     WS 2018

# Inhaltsverzeichnis

# Lösung Aufgabe 1-Diagnose

## Allgemeine und biometrische Daten

Tab.1: Datensammlung

| Alter | 22 |
|---|---|
| Geschlecht | Weiblich |
| Körpergröße | 175cm |
| Körpergewicht | 68kg |
| Körperfettmasse | 9,1kg |
| Skelettmuskelmasse | 32,6kg |
| Trainingsmotive | Ausdauer zurückerlangen; Definition; Beinkraft stärken |
| Aktuelle berufliche Tätigkeit | Duale Studentin in einem Fitnessstudio; Büroarbeit |
| Frühere sportliche Aktivität | 10 Jahre Handball im Leistungssportbereich; 10 Trainingseinheiten pro Woche; 10 Jahre Wakeboard, im Sommer 3-4 Trainingseinheiten pro Woche |
| Aktuelle sportliche Aktivität | Ausdauertraining 2 Mal pro Woche; Krafttraining 1 Mal pro Woche |
| Zeitlicher Verfügungsrahmen | Täglich 1 Stunden |
| Vorerkrankungen | Morbus Osgood- Schlatter (abgeheilt) |
| Orthopädische Maßnahmen | Sporteinlagen gegen Spreizfuß |
| Blutdruck | 117mmHg/ 79mmHg |
| Muskelmasse der Arme im Verhältnis zum aktuellen Körpergewicht | Rechter Arm: 133,1% Linker Arm: 131,8% |
| Muskelmasse der Beine im Verhältnis zum aktuellen Körpergewicht | Rechtes Bein: 107,2% Linkes Bein: 109,0% |

Die in Tab.1 dargestellten Daten zeigen, dass die Person bereits eine gute Belastbarkeit und Trainierbarkeit vorweist. Dies belegen sowohl die früheren leistungssportlichen Aktivitäten, als auch die daraus resultierenden und aktuellen sportlichen Erfahrungen im Trainings- und Sportbereich. Auch der Blutdruck stellt keine Einschränkungen dar, da er mit 117mmHg/ 79mmHg im optimalen Bereich des Normblutdrucks von <120mmHg/ 80mmHg liegt (Mancia et al., 2013, S. 2165). Obwohl die Reizung des Patellasehnenansatzes abgeheilt ist, können Schmerzen bei einer Druckbelastung auf die betroffene Kniepartie auftreten. Daher sollte in der folgenden Trainingsplanung auf kniende Positionen verzichtet werden. Die Person hat eine Fußfehlstellung, welche bereits in orthopädischer Behandlung ist und sportliche Aktivität unterstützt. Trotz dessen wird sie darauf hingewiesen, sich regelmäßig spezielle Sportschuheinlagen anfertigen zu lassen, da sich somit Fehlhaltungen und dadurch entstehende Überbelastung bzw. muskuläre Dysbalancen in Sprung- und Kniegelenken vermeiden lassen. Die segmentale Mageranalyse des Befundbogens von InBody 770 (2017) hat bei der Person gezeigt, dass sie in den Armen über 13,1% (rechts) und 11,8% (links) mehr Muskelmasse verfügt, als es bei ihrem Körpergewicht üblich ist. In den Beinen verfügt sie über einen Muskelmasseanteil, welcher im Normalbereich liegt, wobei laut des Befundbogens in den Armen ein Wert von bis zu 120% und in den Beinen ein Wert von bis zu 110% Muskelmasse als normal angesehen wird. Diese Ergebnisse zeigen auf, dass bereits eine kräftige Armmuskulatur vorhanden ist, welche stärker ausgeprägt ist als die Beinmuskulatur. Ein effektives Beintraining sollte diese Unterschiede ausgleichen und wird auch den Zielen der Person gerecht. Die InBody 770 Muskel-Fett-Analyse (2017) weist ebenfalls auf, dass das Gewicht der Person (68kg) im Test den 100% entspricht und im Normalbereich (ca. 85%-115%) liegt, die Skelettmuskelmasse (32,6kg) im Test den 115% entspricht und im übernormalen Bereich (ab ca. 110%) liegt und die Körperfettmasse (9,1kg) im Test unter den 40% liegt und somit unter dem Normalbereich liegt, welcher ab ca. 80% beginnt. Die Werte der Muskel-Fett-Analyse der Person liegen in Form eines D auf der Skala. „Ein ‚D' steht für einen athletischen / muskulösen Körperbau, da im Verhältnis zum Körpergewicht überdurchschnittlich viel Muskulatur und relativ weniger Fett vorhanden ist. Die Muskellinie ist länger als die Gewichts- und die Körperfettlinie" (InBody 770, 2017, Muskel-Fett-Analyse).

## Krafttestung

Da die Person bereits Vorerfahrung im Bereich des Krafttrainings aufweist, in der Vergangenheit sportlich aktiv war, aktuell noch aktiv ist und keine schwerwiegenden Einschränkungen vorweist, wird der X-RM-Test Aufschluss geben, auf welchem Leistungsstand die Person aktuell einzuordnen ist. Außerdem hat man mit dieser Methode klare Ergebnisse für die Gewichtsanpassung an die geplanten Wiederholungszahlen im Training. „Eine potenzielle Über- oder Unterforderung des Sportlers mit in der Folge verfehlter Trainingszielsetzung ist demnach bei der Anwendung von Trainingsempfehlungen auf der Grundlage eines MWM [Mehr- Wiederholungsmaxima] Krafttests unwahrscheinlicher als beim klassischen 1-RM Krafttest" (Gail, Argauer & Prof. Dr. Künzell, 2015, S.52).

Vor dem Testbeginn wird eine allgemeine Erwärmung durch die Aktivierung des Herz-Kreislauf- Systems und danach ein spezielles Aufwärmen der lokalen Muskelgruppen und Gelenkstrukturen durchgeführt. Die dadurch erreichte Beschleunigung der Stoffwechselprozesse und Verringerung der inneren Viskosität hat zur Folge, dass eine höhere Sauerstoffkonzentration im Blut herrscht und die bei der folgenden Belastung angesprochenen Muskelgruppen somit schneller mit mehr Sauerstoff versorgt werden können und leistungsfähiger sind (Woods, K., Bishop, P., Jones, E., 2007, S.1091). Das allgemeine Aufwärmen erfolgt in diesem Fall durch 10-minütiges Rudern am Ruderergometer und das spezielle Aufwärmen vor jeder Testübung am jeweiligen Gerät mit geringem Gewicht (10-20kg) und 15 Wiederholungen. Diese kurzen Aufwärmeinheiten führen bei der sportlich erfahrenen Person zu keiner vorzeitigen Funktionsermüdung, sondern stellen eine angemessene Vorbelastungsintensität dar. Vor der ersten Testübung an der Beinpresse erfolgt die Einstellung des Geräts und die Erwärmung mit 15kg und 15 Wiederholungen. Nach einer 90-sekündigen Pause folgt der erste Testsatz mit einem Gewicht von 55kg. Nach der 15. Wiederholung verspürt die Person noch keine totale Muskelerschöpfung und könnte weitere Wiederholungen bewältigen. Auch beim zweiten Testsatz, welcher nach 3-minütiger Pause und mit 60kg durchgeführt wird, kann sie eine sechzehnte und siebzehnte Wiederholung schaffen. Nach weiteren 3 Minuten Pause wird das Gewicht auf 62,5kg erhöht und die Person kann die 15. Wiederholung gerade noch konzentrisch vollziehen, bevor das Muskelversagen eintritt. Somit haben wir ein Ergebnis von 62,5kg als maximal bewältigbares Gewicht bei 15 Wiederholungen. Die zweite Testübung ist der Latzug. Nach der Geräteeinstellung, der Erwärmung mit 15kg und 15 Wiederholungen und einer 90-sekündigen Pause erfolgt der erste Testsatz mit 40kg, welcher nicht zu bewältigen ist. Nach einer weiteren Pause von 3 Minuten wird das Gewicht auf 32,5kg reduziert und die 15 Wiederholungen des zweiten Testsatzes werden gerade so von der Person erreicht, womit das Testergebnis 32,5kg ist. Die dritte Testübung findet an der Brustpresse statt. Hier wird nach den Vorbereitungen direkt im ersten Testsatz das maximal bewältigbare Gewicht von 23kg ermittelt. Die vierte von den sieben Testübungen ist der Beinbeuger, welcher nach richtiger Voreinstellung und Erwärmung zunächst mit 35kg durchgeführt wird. Da diese Gewichtseinstellung mehr als 15 Wiederholungen zulässt, wird nach einer 3-minütigen Pause auf 40kg erhöht. Im zweiten Testsatz wird somit das maximal konzentrisch bewältigbare Gewicht von 40kg am Beinbeuger ermittelt und als Ergebnis eingetragen. Der fünfte Krafttest findet an der Rudermaschine statt. Nach der richtigen Ausrichtung des Geräts und 15 Wiederholungen mit 15kg zur Erwärmung folgt nach der 90-sekündigen Pause der erste und auch schon ergebnisbringende Testsatz mit 32,5kg. Die letzten beiden Testübungen sind die Hüftadduktion und -abduktion. Während bei der

Hüftadduktion nach der Vorbereitung 3 Testsätze mit jeweils 42,5kg, 45kg und 47,5kg benötigt werden um das maximal bewältigbare Gewicht von 47,5kg zu ermitteln, reichen bei der Hüftabduktion zwei Testsätze mit jeweils 55kg und 57,5kg aus um auf das gleiche Testergebnis zu kommen. Nachdem die letzte Testübung absolviert ist, beendet die Person die Einheit mit einem 10-minütigen Cool-Down auf dem Laufband.

Tab.2: Mehrwiederholungskrafttest

| Testübung | WH | 1. Testsatz | 2. Testsatz | 3. Testsatz | Ergebnis |
|---|---|---|---|---|---|
| Beinpresse | 15 | 55kg | 60kg | 62,5kg | 62,5kg |
| Latzug | 15 | 40kg | 32,5kg | - | 32,5kg |
| Brustpresse | 15 | 23kg | - | - | 23kg |
| Beinbeuger | 15 | 35kg | 40kg | - | 40kg |
| Rudermaschine | 15 | 32,5kg | - | - | 32,5kg |
| Hüftadduktion | 15 | 42,5kg | 45kg | 47,5kg | 47,5kg |
| Hüftabduktion | 15 | 55kg | 57,5kg | - | 57,5kg |

Anhand der Krafttestergebnisse können nachfolgend die Trainingsintensitäten für die Trainingsplanung abgeleitet werden. Da die Definition und somit der Muskelaufbau ein Trainingsmotiv der Person ist, muss laut Dr. phil. Höltke (2003, S.10) eine gewisse Reizintensität gegeben sein, um eine Anpassung (das Wachstum) der Muskulatur hervorzurufen. Um sicherzustellen, dass diese Reizintensität stets überschwellig ist und um gleichzeitig die Dokumentation der Leistungsentwicklung zu gewährleisten, sollten regelmäßige Re-Tests durchgeführt werden. Anhand der neuen Ergebnisse können dann alle 3-6 Wochen die Trainingsintensitäten ebenfalls dementsprechend angepasst werden. Sobald ein Mesozyklus vorbei ist und die Übungen im nächsten Zyklus variieren, sollte auch die Auswahl der Testübungen angepasst werden.

## Lösung Aufgabe 2-Zielsetzung/Prognose

Tab.3: Zielsetzungen

| Inhalt | Ausmaß | Zeit |
|---|---|---|
| Beinkraft verbessern | +6% | 3 Monate |
| Körperfettmasse reduzieren | -2,6 kg | 3 Monate |
| Muskelmasse aufbauen | +3kg | 6 Monate |

Die erste Zielsetzung wurde bereits in den Trainingsmotiven der Person formuliert. Das Ausmaß (6%) bezieht sich auf das Verhältnis der Muskelmasse zum aktuellen

Körpergewicht und stellt eine angemessene Angabe für die erste Hälfte der Makrozyklusplanung (3 Monate) dar. Da dies ein exakt definiertes biometrisches Teilziel ist, dessen Aufgabe es ist, die Person zu motivieren und kurzfristige Erfolge aufzuzeigen, werden die Ergebnisse messbar und somit der Erfolg überprüfbar. Auch das zweite Ziel der Körperfettmassereduzierung um 1,5kg ist mittelfristig erreichbar, messbar und hat somit eine motivierende Wirkung auf die Person, damit sie nach 3 Monaten im Trainingsbetrieb nochmal neuen Schwung sammeln kann, um ihr drittes und langfristig geplantes Ziel des Muskelmasseaufbaus zu erreichen. Die Ziele der Körperfettreduzierung und des Muskelaufbaus sind auf das in Tab.1 formulierte Trainingsmotiv „Definition" abgestimmt.

Die Möglichkeit, alle drei Ziele innerhalb der jeweiligen Zeitplanung zu erreichen, ist durchaus gegeben, da sowohl die körperlichen Eigenschaften, die sportliche Erfahrung, als auch die gesundheitlichen Voraussetzungen gegeben sind und keine Einschränkungen vorherrschen.

## Lösung Aufgabe 3-Trainingsplanung Makrozyklus

Tab.4: Makrozyklusplanung ILB-Methode

| | Mesozyklus 1 | Mesozyklus 2 | Mesozyklus 3 | Mesozyklus 4 |
|---|---|---|---|---|
| Zyklusdauer | 6 Wochen | 6 Wochen | 6 Wochen | 6 Wochen |
| Spezifisches Trainingsziel | Kraft-Ausdauer | Muskelaufbau | Kraft-Ausdauer | Muskelaufbau |
| Organisationsform | GK/Stationstraining | 2 Split/GK | GK/Stationstraining | 2 Split/GK |
| Häufigkeit/Woche | 2 | 3 | 3 | 3 |
| Übungen/Muskel | 1-2 | 1-3 | 1-2 | 1-3 |
| Sätze/Übung | 2 | 3 | 3 | 3 |
| Intensität | 50-70% X-RM | 80% X-RM | 70% X-RM | 90% X-RM |
| Wiederholungsanzahl | 15 | 10-12 | 15 | 8-10 |
| Bewegungstempo | 1-0-1 / 2-0-2 | 2-0-2 | 2-0-2 | 2-0-2 |
| Satzpausen | 30-45 sec. | 60 sec. | 30-45 sec. | 60-90 sec. |

Die vorangehende Makrozyklusplanung wurde nach der ILB-Methode gestaltet, weil nach Haupert (2007, S.63) bei dieser Trainingsmethode der X-RM Test als Grundlage zur Ermittlung der späteren Trainingsintensitäten dient und des Weiteren die Person durch diese Methode einer genauen Leistungsstufe (Geübter) zugeordnet werden kann, was durchaus förderlich für die Leistungsdokumentation und Trainingsplangestaltung ist. Obwohl die Person einen täglichen zeitlichen Verfügungsrahmen von 1-2 Stunden angibt, ist zunächst ein Training an 2 Tagen pro Woche, mit 1-2 Übungen pro Muskel, 2 Sätzen pro Übung und einer Intensität von 50%-70% des ermittelten 15-RM ausreichend, da sie trotz langer Trainingserfahrung noch keine richtigen Erfahrungen im Bereich des zielorientierten Krafttrainings hat. Außerdem werden ihre Krafttrainingseinheiten durch empfohlene Kurse und das selbstständige Ausdauertraining 1-2 Mal pro Woche ergänzt, was die Anzahl der Trainingsbelastungen pro Woche erhöht. Ab Mesozyklus 2 steigt die Anzahl der Einheiten pro Woche auf 3, da nun ein 2er-Split und ein Ganzkörpertraining angesteuert wird und da der Körper nach den ersten 6 Wochen an ein regelmäßiges Krafttraining gewöhnt ist. Die Zahl der Übungen pro Muskel und die Satzanzahl steigen in Mesozyklus 2 und 4 an, da in diesen der Muskelaufbau das Ziel ist und durch das Split Training mehrere Übungen auf eine Muskelgruppe bezogen sind. Die Trainingsintensität wird sowohl ein- bis zweiwöchentlich innerhalb jedes Mesozyklus, als auch bei jedem neu beginnenden Zyklus erhöht, um zu gewährleisten, dass die gesetzten Reize stets überschwellig und wirksam sind (Höltke, 2003, S.10).

Die unzureichende Erfahrung im Bereich des gezielten Krafttrainings ist außerdem ein Grund für die Wahl des Ganzkörper-Stationstrainings als Organisationsform in Mesozyklus 1. Nach der ersten sechswöchigen Periode des Kraftausdauertrainings und der Eingewöhnung, geht es in Mesozyklus 2 weiter mit dem Muskelaufbautraining im 2er-Split und Ganzkörpertraining, um dem Trainingsziel der um 5% gesteigerten Beinkraft gerecht zu werden. Auch das Ziel der Fettmassereduktion um 1,5kg sollte nach den ersten beiden Mesozyklen erreicht sein. Diese wellenförmig geplante Periodisierung zieht sich auch in Zyklus 3 und 4 weiter, damit durch das Kraft-Ausdauer- und Ganzkörper-Training in Zyklus 3 das Ziel der Fettreduktion weiter realisiert wird und durch das Muskelaufbautraining in Zyklus 4 in Form von 2er-Split und Ganzkörpertraining wieder das Zeil der weiteren Definition und der Anpassung des Muskelanteils gewährleistet wird.

# Lösung Aufgabe 4-Trainingsplanung Mesozyklus

Tab.5: Trainingsplanung Mesozyklus 1

| Einheit | Übung | Sätze | Wiederholungen | Tempo | Satzpause | Gewicht |
|---|---|---|---|---|---|---|
| Beine | Beinpresse (horizontal) | 2 | 15 | 2-0-2 | 30-45sec. | 30-44kg |
| Beine | Beinbeuger (liegend) | 2 | 15 | 2-0-2 | 30-45sec. | 20-28kg |
| Rücken | Rudermaschine | 2 | 15 | 2-0-2 | 30-45sec. | 15-21kg |
| Rücken | Diagonales Arm-/Beinheben | 2 | 15 jede Seite | 1-0-1 | 30-45sec. | Eigenes Körpergewicht |
| Rücken | Rückenstrecker | 2 | 20 | 2-0-2 | 30-45sec. | Eigenes Körpergewicht |
| Bauch | Crunches | 2 | 20 | 2-0-2 | 30-45sec. | Eigenes Körpergewicht |
| Bauch | Crunches seitlich | 2 | 15 jede Seite | 2-0-2 | 30-45sec. | Eigenes Körpergewicht |
| Beine | Wadenstrecker | 2 | 20 | 2-0-2 | 30-45sec. | Eigenes Körpergewicht |
| Beine | Hüftadduktion | 2 | 15 | 2-0-2 | 30-45sec. | 30-42kg |
| Beine | Hüftabduktion | 2 | 15 | 2-0-2 | 30-45sec. | 30-42kg |

Zusatz:

- Zyklusdauer: 6 Wochen
- Häufigkeit/Woche: 2x
- Spezifisches Trainingsziel: Kraft-Ausdauer
- Organisationsform: Ganzkörper-/Stationstraining
- Warm-Up und Cool-Down einplanen
- Ergänzung des Planes durch selbständige Laufeinheiten draußen
- Weitere Empfehlungen: Kursprogramm (z.B. Bodypump, Bodyattack o. Cycling) & Ernährungsberatung des Studios nutzen

Dieser erste 6-wöchige Mesozyklus sieht ein Ganzkörpertraining an Stationen 2 Mal pro Woche vor, welches der Kraft-Ausdauer dienen soll. 60% der vorgegebenen Übungen finden an Maschinen statt, die anderen 40% sind funktionsgymnastische Übungen. Laut Prof. Dr. Stemper (2012) ist zum einen das Training an Maschinen sicherer, da durch die geführten Bewegungen und die kaum vorhandenen Möglichkeiten der Falschausführung das Verletzungsrisiko sehr gering ist. Zum anderen bieten funktionelle Übungen eine stärkere koordinative Beanspruchung und mehr Variationsmöglichkeiten, um neue Trainingsreize zu setzen. Beide Arten des Trainings bieten laut Stemper die Möglichkeit der Belastungsdosierung durch Veränderungen der verschiedenen Belastungsnormative. Dies ist durchaus zum Vorteil der Person, da sie zum einen Teil dem Verletzungsrisiko als relativ unerfahrene Person im Krafttraining an Maschinen aus dem Weg geht. Zum anderen Teil macht sie bereits Erfahrungen im Bereich der koordinativ anspruchsvolleren Übungsausführungen für die folgenden Mesozyklen und hat Variationsmöglichkeiten um Körper und Geist aktiv und beansprucht zu halten. Des Weiteren finden alle funktionsgymnastischen Übungen im Liegen oder Stehen statt, weil die Person im Alltag hauptsächlich eine sitzende Tätigkeit (BackOffice) ausübt und somit in der Freizeit soweit es geht auf sitzende Positionen verzichten will. In diesem ersten Mesozyklus werden zunächst nur einige mehrgelenkige Übungen ausgeführt, um die intermuskuläre Koordination langsam zu verbessern und um alltagsnahe Bewegungen zu integrieren. Die vorherrschenden eingelenkigen Übungen bringen eine schnellere Erlernbarkeit der Grundübungen mit sich und legen somit die Grundbausteine für die folgenden Mesozyklen. Außerdem wird die Möglichkeit von Ausweichbewegungen, die zu einer Verfälschung der Übung führen, vermindert. Die Muskelgruppen der Beine und des Rückens dominieren in diesem Plan, da die Stärkung der Beinkraft ein explizites Trainingsziel ist und damit die Rückenmuskulatur zur Prävention von Rückenschmerzen aufgrund der sitzenden Tätigkeit gestärkt wird.

Der Trainingsplan beginnt mit mehrgelenkigen Übungen mit hohem Muskelmasseanteil, da somit größere hormonelle und anabolische Effekte freigesetzt werden und der Testosteronspiegel erhöht wird. Dieser ist primär am Aufbau neuer Muskelmasse beteiligt und alle folgenden Übungen können somit davon profitieren (Sheikholeslami-Vatani, Ahmadi, & Salavati, 2016). Bei der 1. Übung (Beinpresse) wird eine Extension im Knie- und Hüftgelenk durchgeführt, was besonders den M. quadriceps femoris, aber auch den M. biceps femoris caput longum und M. glutaeus maximus beansprucht. Diese Übung stellt eine Vorstufe für die freien Kniebeuge mit der Langhantel dar, welche in den folgenden Mesozyklen integriert werden soll. Da Handballer meist überbeanspruchte

Knie- und Sprunggelenke haben, soll dieses geführte Training an der Maschine zunächst die richtige Bewegungsausführung erlernbar machen und die Bandstrukturen des Kniegelenks stärken. Da mehrere Muskelgruppen gleichzeitig trainiert werden, ist diese Übung für das Ziel des Aufbaus von Beinkraft der Person von großem Nutzen.

In der 2. Übung werden beide Köpfe des M. biceps femoris trainiert, da bei der Beinpresse nur der lange Kopf trainiert wird und das auch eher exzentrisch. Die Beinbeuger sollen in liegender Position trainiert werden, um die Sitzposition zu vermeiden, welche die Person bereits im Alltag zur Genüge hat. Außerdem stabilisiert und entlastet die dabei trainierte Muskulatur das Kniegelenk bedeutend.

Die 3. Übung dient hauptsächlich der Stärkung des M. latissimus dorsi, aber auch des M. trapezius, was zu einer aufrechteren Haltung und zur Prävention von Rückenschmerzen durch zu langes Sitzen dient. Die geführte Übung am Gerät hat den Vorteil, dass der Oberkörper durch die Lehne an der Brust gestützt wird und somit eine falsche Haltung vermieden wird. Des Weiteren wird die Brustwirbelsäule durch dieses gezielte Training entlastet und stabilisiert.

Bei der 4. Übung beginnt das Segment der funktionsgymnastischen Übungen, welche koordinativ anspruchsvoll und mehrgelenkig sind und deshalb an dieser vorderen Stelle des Trainingsplanes stehen. Zunächst geht es mit dem Training der Rückenmuskulatur durch die Übung diagonales Arm-/Beinheben auf der Matte weiter. Diese stärkt die untere Rückenmuskulatur und auch den M. deltoideus pars clavicularis und beugt ebenfalls Rückenschmerzen in diesem Bereich vor.

Die Übung 5 ist die letzte Übung für den Rücken und trainiert hauptsächlich noch einmal die untere Rückenmuskulatur (den Rückenstrecker), da diese bei sitzenden Tätigkeiten mit am meisten beansprucht und verspannt wird. Die trainierte Muskelpartie entlastet außerdem die Rückenmuskulatur und trägt zu einer höheren Belastbarkeit bei, sobald sie gut ausgeprägt ist.

Die 6. Übung stellt Crunches dar, welche die gerade Bauchmuskulatur, den M. rectus abdominis trainieren und somit den Rumpf stärken. Dies ist für alle weiteren Übungen von Vorteil, da eine starke Rumpfmuskulatur Stabilität und Halt gibt.

Eine zweite funktionsgymnastische Bauchübung stellen die seitlichen Crunches dar, welche in Übung 7 den M. obliquus externus abdominis trainiert und den Rumpf somit stabilisiert. Es ist wichtig, dass immer sowohl Agonist, als auch Antagonist gleich stark trainiert werden, um Dysbalancen zu vermeiden. In diesem Fall sind es im 1. Mesozyklus 3 Rückenübungen und 2 Bauchübungen, da die Rückenmuskulatur vorerst besser gestärkt werden muss, um die einseitige Belastung des Sitzens auf Arbeit zu kompensieren. Im weiteren Verlauf der Trainingsplanung sollte durchaus eine Gleichverteilung der Übungen für Agonisten und Antagonisten angestrebt werden.

Die 8. Übung ist die letzte funktionsgymnastische Übung und dient als Training des Wadenstreckers (M. Gastrocnemius) dessen Ausprägung wiederrum zum Erreichen des Ziels der verbesserten Beinkraft beisteuert.

Die letzten beiden Übungen finden wieder an Maschinen statt und sind zum Training der Beinmuskulatur gedacht. Die 9. Übung trainiert den M. adductor longus, M. adductor magnus, M. adductor brevis, M. pectineus und den M. gracilis, also alle Hüftadduktoren. Im Gegenzug dazu trainiert die Person bei der 10. Übung alle Hüftabduktoren (M. glutaeus maximus, M. glutaeus medius, M. glutaeus minimus, M. tensor fasciae latae).

Auch diese beiden Übungen dienen der Verstärkung der Beinmuskulatur und stehen am Ende des Trainingsplans, da sie eingelenkig und koordinativ nicht sehr anspruchsvoll sind.

# Lösung Aufgabe 5-Literaturrecherche

Tab.6: Literaturrecherche - Effekte des Krafttrainings bei Diabetes mellitus Typ-2

| | Studie 1 (Cauza et al., 2005) | Studie 2 (Kang, Ko & Beak, 2016) |
|---|---|---|
| Titel | The Relative Benefits of Endurance and Strength Training on the Metabolic Factors and Muscle Function of People With Type 2 Diabetes Mellitus | Effects of 12 weeks combined aerobic and resistance exercise on heart rate variability in type 2 diabetes mellitus patients |
| Autoren | Cauza, E., Hanusch-Enserer, U., Strasser, B., Ludvik, B., Metz-Schimmerl, S., Pacini, G., Wagner, O., Georg, P., Prager, R., Kostner, K., Dunky, A., Haber, P. | Kang, S.-L., Ko, K.-J., Baek, U.-H. |
| Publikationsdatum | Arch Phys Med Rehabil: August 2005 | Journal of Physical Therapy Science: Juli 2016; Online: 29.Juli 2016 |
| Versuchspersonen | 43 Patienten aus der Diabetes-Ambulanz; 22 Männer (51-69 Jahre alt) & 21 Frauen (50-70 Jahre alt) mit Typ-2 Diabetes ohne Komplikationen oder Begleiterkrankungen | 16 Frauen mit Diabetes mellitus Typ-2; durchschnittlich 57 Jahre alt, 157cm groß, 60,9kg schwer, 32,9% Körperfett und einen BMI von 24,7 |
| Dauer | 4 Monate | 12 Wochen |
| Versuchsaufbau | 1. Aufteilung in Krafttrainings- (KTG) & Ausdauertrainingsgruppe (ATG)<br>2. körperliche Untersuchung+ Empfehlung medikamentöse Behandlung fortzusetzen<br>3. Trainingsprogramme wurden erstellt | 1. Bluttestung, Herzfrequenzvariabilitätstest, kardiorespiratorischer Test,<br>2. Aufteilung in Trainings- (TG) & Kontrollgruppe (KG)<br>3. Trainingsprogramm TG (3x/Woche):<br>- 10min Stretching vor und nach dem Training<br>- 30min Laufband laufen mit 60% der Herzfrequenzreserve |

| | | - dann 2 Sets/9 Übungen/8-12 Wiederholungen/60-80% 1-RM (Brustpresse, Latzug, Schulterpresse, Bizeps Curls, Beinpresse, Beinstrecker, Beinbeuger, Wadenstrecker, Situps) |
|---|---|---|
| | 3.1. ATG trainierte 15min an 3 (nicht aufeinander folgenden) Tagen pro Woche auf Ergometer, alle 4 Wochen wurde Dauer um 5min erhöht; <br><br> 3.2. KTG trainierte an 3 (nicht aufeinander folgenden) Tagen pro Woche, ersten 2 Wochen mit minimalem Gewicht um Körper an Belastung zu gewöhnen & richtigen Techniken zu erlernen, danach Hypertrophie-Training mit 3 Sets (10-15 Wiederholungen) pro Muskel/Woche mit steigender Gewichtslast und steigenden Sets (bis zu 6) <br><br> 3.2.1. Ganzkörper-Trainingsprogramm: Bankdrücken, Kabelzug-Crossovers, Schulterpresse, Latzug, Bizeps Curls, Trizeps Strecker, Situps, Beinpresse, Waden-&Beinstrecker <br><br> 4. weitere Tests durchgeführt: 1-RM, Spiroergometrie, BMI, Körperfettmasse, Glukosewerte, Lipidprofile, Insulinresistenztest, Blutdruck | |
| Ergebnisse/ Schlussfolgerungen | - Verbesserung langfristiger glykämischer Kontrolle & atherogenes Lipidprofil bei KTG <br> - Steigerung 1-RM bei KTG | - Gewicht, Körperfettanteil, Hüftumfang, Glukosewerte, Insulinwerte, Insulinresistenz & Blutdruck in TG gesenkt <br> - KG wies keine Veränderungen auf |

| | |
|---|---|
| - beide Trainingsarten zeigten positive Effekte auf Blutdruck<br>- Reduzierung Körperfettmasse & BMI in beiden Gruppen<br>- Verbesserung kardiorespiratorische Ausdauer (12%) & 1-RM Beinpresse (15%) bei ATG<br>→ hochintensives Krafttraining beeinflusst den Blutdruck nicht negativ wie teilweise angenommen<br>→ Kraft- & Ausdauertraining können als gleichwertig bei der Behandlung von Typ-2 Diabetes angesehen werden | → Es ist zwar bekannt, dass Training bei Typ-2 Diabetes die Herzfrequenzvariabilität verbessern soll, es wurden bei diesem 12-wöchigen Versuch allerdings keine Änderungen festgestellt.<br>→ Ausdauer- & Krafttraining verbessert allerdings die Insulinresistenz und den Blutdruck bei Typ-2 Diabetes Patienten.<br>→ Training trägt aktiv zur Prävention und Behandlung von Diabetes mellitus Typ-2 bei. |

# Literaturverzeichnis

Cauza, E., Hanusch-Enserer, U., Strasser, B., Ludvik, B., Metz-Schimmerl, S., Pacin, G. et al. (2005). The Relative Benefits of Endurance and Strength Training on the Metabolic Factors and Muscle Function of People With Type 2 Diabetes Mellitus. *Arch Phys Med Rehabil 2005*, 86, 1527-33.

Gail, S., Argauer, P., Prof. Dr. Künzell, S. (2015). Validität eines 5-RM Krafttests im Gesundheits- und Fitnesssport. *Schweizerische Zeitschrift für Sportmedizin und Sporttraumatologie*, 65 (3), 48-52.

Haupert, M. (2007). *Zur Belastungsbestimmung im fitnessorientierten Krafttraining. Eine explorative Studie zur Methodik*. Dissertation, Universität des Saarlandes. Saarbrücken.

Höltke, V. (2003). *Grundlagen und Prinzipien des sportlichen Trainings*. Lüdenscheid-Hellersen.

InBody. (2017). *Befundbogen InBody 770. Muskel-Fett-Analyse*. Zugriff am 07.03.2018. Verfügbar unter http://www.inbody.de/wissen/befundboegen/inbody-770.html

InBody. (2017). *Befundbogen InBody 770. Segmentale Mageranalyse*. Zugriff am 06.03.2018. Verfügbar unter http://www.inbody.de/wissen/befundboegen/inbody-770.html

Kang, S.-L., Ko, K._J. & Baek, U.-H. (2016). Effects of 12 weeks combined aerobic and resistance exercise on heart rate variability in type 2 diabetes mellitus patients. *Journal of Physical Therapy Science*, 28(7), 2088–2093.

Mancia, G., Fagard, R., Narkiewicz, K., Redón, J., Zanchetti, A., Böhm, M. et al. (2013). *European Heart Journal (Volume 34, Issue 28). 2013 ESH/ESC Guide lines for the management of arterial hypertension. The Task Force for the manage ment of arterial hypertension of the European Society of Hypertension (ESH) and of the European Society of Cardiology (ESC)*. Oxford: Oxford University Press.

Sheikholeslami-Vatani, D., Ahmadi, S. & Salavati, R. (2016). Comparison of the Effects of Resistance Exercise Orders on Number of Repetitions, Serum IGF-1, Testosterone and Cortisol Levels in Normal-Weight and Obese Men. *Asian J Sports Med*, 7(1), e30503.

Stemper, T. (2012). Maschine vs. Functional. *Fitness und Gesundheit*, 5, 112-113.

Woods, K., Bishop, P. & Jones, E. (2007). Warm-Up and Stretching in the Prevention of Muscular Injury. *Sports Med 2007*, 37 (12), 1089-1099.

# Tabellenverzeichnis

## Tabellenverzeichnis